别人对本书的评论：

"特雷西清楚且明了地展示了，在打高尔夫球时，你需要怎么做才能掌控自己的大脑。用她所提供实用步骤和常规程序来细微调整"你最有价值的装备"。她建议的技巧是宝贵的，能帮助你避免过度思考这项运动，和对付你心理的小恶魔。在你投资更多的金钱在课程、球杆或器具前，你应该读一读《思维智胜高尔夫术：智胜大脑，打出最好的高尔夫》，使一切都有意义。"

玛莎·雷诺兹博士（Dr. Marcia Reynolds），《智胜大脑》（Outsmart Your Brain）的作者

"《思维智胜高尔夫术：智胜大脑，打出最好的高尔夫》是一本独特的实用指南。引人入胜、通俗易懂，同时鼓舞人心，特雷西为高尔夫球手提供了一份棒极了的资源。"

约翰娜·阿德里安塞（Johanna A. Adriaanse（Vescio）），人类运动与体育管理（Human Movement and Sport Management）经理，妇女与体育国际工作组（International Working Group on Women and Sport（IWG））共同主席，悉尼科技大学

思维智胜高尔夫心术

智胜大脑，打出最好的高尔夫

特雷西·特里西德

Copyright © Tracy Tresidder
版权所有©Tracy Tresidder

All rights reserved. No part of this book may be reproduced or transmitted in any form whatsoever, electronic or mechanical, without written permission from the author.
版权所有。未经作者书面许可，不得以任何形式（电子或机械）复制或传播本书的任何部分。

Golf Mind Play: Outsmarting your brain to play your BEST golf
思维智胜高尔夫术：智胜大脑，打出最好的高尔夫
First Published November 2007
2007年11月首次出版
Second Publishing April 2009
2009年4月第二次出版
Third Publishing March 2012
2012年3月第三次出版
Revised Edition July 2013
2013年7月修订版

Lightening Source
Scoresby, Victoria 3179
Australia
Lightening Source
斯科雷斯比，维多利亚州3179
澳大利亚

The National Library of Australia Cataloguing-in-Publication entry:
澳大利亚国家图书馆编目出版物：
Tresidder, Tracy, 1958-
特里西德，特雷西，1958-
Golf Mind Play : Outsmarting your brain to play your BEST golf
思维智胜高尔夫术：智胜大脑，打出最好的高尔夫

2nd ed.
第2版
ISBN 97809804282-0-9 (paperback).
ISBN 97809804282-0-9（平装本）。
1. Golf - Psychological aspects. 2. Golf - Coaching. 3. Golf.
1.高尔夫 - 心理方面。2.高尔夫 - 教练。3.高尔夫。
I. Title.
I，标题
796.352019
796.352019

www.golfmindplay.com
tracy@golfmindplay.com
+61.2.9924.7078 (office 办公室)
+61.415.980.476 (mobile 手机)

纪念

本书献给菲尔·特里西德（Phil Tresidder），澳大利亚最伟大的高尔夫作家之一。菲尔叔叔是这本书灵感的来源。我们满怀遗憾地怀念着他的幽默、机智和魅力。

其他来自特雷西·特里西德的书名：
《运用思维智胜策略打比赛》；
《在正面交锋的高尔夫中，智胜你的心理和对手》
www.golfmindplay.com/products

前言

早年，我作为高尔夫职业选手参加巡回赛，在过去的30年里，我在车士活高尔夫俱乐部（Chatswood Golf Club）作为俱乐部职业选手，我认为所有水准的球手都可以从本书中的想法受益。众所周知，凭借课程和装备，这项运动只能到一定程度。必须要心理强大，才能尽情地发挥你的天赋，尽可能地降低差点。

如果所有球手都遵循《思维智胜高尔夫心术：智胜大脑，打出最好的高尔夫》中通俗易懂的概念，我相信他们的比赛结果将会有所改善。然而，就像高尔夫的各个方面一样，需要时间将这些想法付诸实践。

高尔夫球手阅读本书时，肯定会专注于取得最佳成绩的部分。特雷西针对思维游戏的积极方法，与身体方面同样重要。在我们都热衷的这项精彩运动中，将良好的挥杆指导与坚毅的心理态度相结合，将会指引你一条道路——更低的差点和更多的运动乐趣。

特雷西，祝你好运，你将会在球场内外更多地帮助他人提高他们的技能。

艾伦·托普汉姆（Allen Topham）
AAA会员
澳大利亚职业高尔夫球协会（PGA）

致谢

首先，也是最重要的是，感谢高尔夫职业选手艾伦·托普汉姆（Allen Topham），他是一名鼓舞人心且耐心的挥杆教练。在他的帮助下，我培养了对这项运动的爱好和热情，我们所谈论的话题不仅仅局限于技术，这是非常宝贵的。

感谢我的朋友及其他高尔夫球手，尤其是霍华德、大卫、林赛、菲比、海伦、玛丽安和克里斯，他们多次审阅并指正了原稿。

感谢我的编辑娜塔莎·塔尔（Natasha Tarr），她一直以来都很出色，感谢杰尼·吉尔莫（Janie Gilmour）的专业校对，以及保罗·马尔赛德（Paul Gearside）的杰出艺术插画。

感谢最伟大的高尔夫球思维教练：哈维·佩尼克（Harvey Penick）、鲍勃·罗特利亚博士（Dr Bob Rotella）和约瑟夫·帕伦特博士（Dr Joseph Parent），感谢他们的智慧和专业知识，以及他们所撰写的众多精彩书籍。

最后但同样重要的，感谢我的家人——迈克、亚当和本，即使终止了其他事情，也坚持确保完成本书，感谢他们鼓励我为本书所付出的努力。

目录

简介 1

第一章 你的思维游戏 3
有成就高尔夫球手vs业余高尔夫球手
你最有价值的装备
练习你的心理游戏
当过度思考成为危险时
提示

第二章 控制 9
克服负面影响
控制圈
驻在大脑中的小恶魔
提示

第三章 专注 15
你所专注的事情会扩大
形象化
想象"波浪"
提示

第四章 恐惧 19
我们招来我们所惧怕的
第一发球台上的紧张
高分焦虑
提示

第五章 运用你的本能 23
顺应你的直觉
准备心理
提示

第六章 信任你的潜意识......27
发掘你隐藏的潜力
相信自己
一个自我实现的预言
提示

第七章 仅关注当下......31
"现在"的力量
消除心理包袱
提示

第八章 破坏性的思考......35
当愤怒显露丑陋头角时35
损失控制
提示

第九章 学习爱上挑战......39
打自己的比赛
竞争的精神
提示

第十章 稳定性的重要性......43
在你的舒适区内打球
将你的比赛提升到新的水平
提示

第十一章 冥想和接受......47
冥想
如何成为一名专注的高尔夫球手
接受
提示

结论......53

使用思维智胜策略的实用打球技巧......55

参考文献和推荐阅读......59

简介

你已经购买了装备，学习练习了基本技巧，并能打出足够满意的远击球，很明显你有潜力将比赛提升到一个新的层次。不幸的是，满意的击球总是很少，而且差点仍然没有降低。

掌握基础知识只是成为一名成功的高尔夫球手所需要的一部分——你的挥杆技术可能相当不错，但心理失误将不可避免地牺牲你的杆数。在高尔夫运动中，球手的差点与他们表现时的心理身体比率存在显著的相关性。最有成就的球手会告诉你，大脑是比赛分数较低的驱动因素。对于初学者来说，这项运动以身体方面为中心，学习技术，并熟练挥杆、短打和推杆的姿势。随着球手越来越熟悉专业技术，运动的心理方面就成为发展竞争优势的关键。高尔夫是一项思维运动——如何调控比赛的心理方面将决定最终的成功，而不仅仅是身体能力或装备等级。

因为思维控制着所有的动作，情绪、态度和自信水平对高尔夫球场上的良好表现能力有很大的影响。学会利用你的心理能量，同时排除无益的想法，对于掌握思维游戏至关重要。采用一种心理策略，不仅可以帮助你在高尔夫球场上做出更好的选择，还可以让你掌控自己的进展，为自己提供所需的竞争优势。

你的思维游戏

"高尔夫是一项在5英寸场地上玩的运动——你两耳之间的距离。"

——鲍比·琼斯（Bobby Jones）

有成就高尔夫球手 vs 业余高尔夫球手

用最少的击球数打完每场比赛，是有成就和业余高尔夫球手的共同目标。然而，实际上只有一定比例的球手具有一直分数低的优势。降低分数需要学会面对和管理那些折损最佳身体努力的因素，从而使球进洞。你可能已经注意到，无论高尔夫球场上出现了何种不利情况和麻烦情景，最好的高尔夫球手似乎常常打出低分数。

那么为什么有成就高尔夫球手似乎毫不费力就能超越挑战，而菜鸟球手却不断地挣扎？原因在于有成就的球手经过心理训练，以适应无法控制的局面，克服可能破坏比赛的障碍。另一方面，业余选手通常不知道一贯高分是因为他们不断地陷入了失去信心的循环，并且从来不从他们的错误中学习所预先决定的。高分数的球手往往会在不知道原因的情况下，一而再再而三的重复犯错。与失败相关的失望和混乱随着一次次的失误而恶化，同时产生一种向下的情绪旋涡，将本应是一项有趣和放松的运动变成一个悲观和绝望的深渊。

为了纠正错误，同时获得较低的分数，许多球员坚持只训练身体来提升他们的挥杆或推杆技能，这最多只是这场战斗的一半。虽然在发球台上调整技术可能增加发球距离，但调节心理会一直增加发球距离。如果你运用思维和身体一同练习高尔夫技术，你已经迈出了获得比赛控制权的第一步。

你最有价值的装备

高尔夫比赛中一个非常常见的错误是，许多球手过于强调他们的装备和比赛的身体因素。不幸的是，这些球手很少花时间利用我们都可以获得的最重要的装备——思维。能够专注于当前情况，而不受制于内部和外部干扰的能力，是取得有优势且稳定的比赛结果所必不可少的，它将一次次地给你带来满意的结果。

克服影响表现的心理障碍，可以通过设定大脑去唤起曾经学过的行为，而不强调比赛的身体技术。使用思维来控制行为不仅会降低你的差点，还会增强你的信心，让你能够打出一致、令人满意的高尔夫球，尽管我们都知道在任何比赛中都会遇到的各种各样的挑战。

练习你的心理游戏

用加里·麦克（Gary Mack）的话来说，"心理技能就像身体技能一样，需要不断地练习。"在高尔夫球比赛中，不可避免地会出现各种问题，这完全是出于你在思考什么——无论是自己的比赛，还是脑海中正想着的对你有影响的其他事情。你可能在想，在第一发球台上，正看着你击球的球手数量，或者在想要紧跟差点较低的球伴。你甚至可能会想高尔夫比赛之外的事情，例如一个定期会议，或之前你与朋友的一个争论。

当你即将挥杆击球时，紧张或痴迷无法掌控的事情是一个灾难。高尔夫是一项专注力运动。当你试图达到内心清澈时，无关的图像进入脑海无疑会影响你的表现。这就是为什么学会屏蔽干扰性的想法，同时专注手头任务是很重要的。这并非易事，这就是达到最佳的思维状态需要实践和坚持的原因。

通过在打高尔夫球时改变思维方式，你可以显著地提高专注力，同时放下技巧因素，比如挥杆技巧。你的思维被设定为击球，现在是时候让潜意识接手了。在球场上保持心理清澈和放松的状态，你的思维会唤起经验。就像骑自行车一样，你根本不必刻意去想它。

当过度思考成为危险时

很少有运动是击打固定的球。初学者通常认为高尔夫肯定是一项轻松的运动,因为在开球、用铁杆、切球或推杆时都可以使用精心设计的程式,而不是对一颗朝你飞来的球做出反应。不幸的是,在短暂的时间内,你得站在球旁,而你的大脑会短路。例如打网球比赛,当每一次球朝你飞来,你奔跑去接正手上旋球时,你不会去想将手放在哪,以及到底如何摆放你的脚。发生的速度如此之快——在比赛中,你没有时间想太多。在学习如何挥动球拍有效击球后,网球比赛中你所采取的动作是本能的、自然的反应。

高尔夫的与众不同之处在于,在每次击球前,你有机会花时间来集中注意力,并想想实际上你要做什么。尽管有时间思考似乎令比赛更加低级,但实际上它提供了机会去分散注意力,而这成就了比赛的复杂性。当你站在球旁时,最轻微的分心,无论是一丁点声音,还是大脑中的一丝想法,都有可能严重影响击球结果。反之,一次糟糕的击球可能会接着影响你在余下比赛中的表现,仅仅因为它能改变你的心态。

对握杆位置和击球姿势过度关注会令人分心,让你远离手头上的紧要任务。虽然在练习期间遵循一套击球前准备动作,有助于高尔夫挥杆,但在实际比赛中,过度考虑技术过程,对动作的流畅是不利的。不间断的流畅动作和放松的心理状态,是在高尔夫球场上取得一贯、积极结果的要点。所以问题是如何消除干扰,例如烦心的想法或其他负面影响,进而改善比赛?掌控自己的思维游戏有几种方法,但首先,也是最重要的是,学会接受你所能控制和不能控制的事情。

提示

1. 避免过度思考如何击球，将所有关于技术的想法抛诸脑后，在每次预备击球时，专注于实现一种轻松的心态。
2. 不要将一次糟糕击球后的沮丧心情带到剩余的比赛中。只考虑当前的击球，而不是将要发生的，或者已经发生的事情。
3. 放开过去，别再想结果！

控制

"你唯一可以控制的事情就是你对下一次击球的态度。"
——马克·马克昆柏（Mark McCumber）

克服负面影响

高尔夫运动包含持续变化的因素，这直接影响球手如何处理比赛。虽然你可以掌控选择使用哪种装备，或者在哪些天打球，但是仍有很多因素会超出你的控制范围，影响你的表现，以及你对比赛的态度。想象一下：两个圆圈——外圈为无法控制圈。在这个圆圈里，包括了所有你完全无法控制的因素。

常见的、超出掌控的变因有天气、果岭速度、高草区长度、球道坡度、你的球伴和前面的球手。它们都是能影响你对当天比赛看法的众多因素之一，然而它们不受个人控制。那些不知道如何管理比赛期间出现的干扰的球员，常常会因为高尔夫球上场的变因产生苦恼。

讽刺的是，球场上的这些障碍正是高尔夫这项运动不可或缺的一部分。这项运动被称为挑战的运动，而这些障碍是有"高尔夫瘾"的业余爱好者和职业选手的刺激物。

克服球场上超出掌控的压力的最佳方法，首先是接受障碍是这项运动的一部分。然后，调整心理策略，处理任何可能出现的特定情况。通过接受变因是挑战的一部分，可以清除在不太理想的条件下的消极影响。例如，当面对令人生畏的水障碍时，你的第一直觉是害怕球落入水中。与其在球场上沉溺于对水体的负面经验，不如试着将障碍看作是一项积极的挑战，而不是一种烦恼。当你能够设法超越障碍，而不是全身心关注它时，你会增强专注目标的能力。当你学会控制想法时，你会有更好的机会控制结果。

如果你的球伴比赛打的不尽人意，他们对不佳表现的反应有时会负面影响到你的比赛。虽然你无法控制球伴的比赛，但你的大脑能够控制如何处理这种局势，这样就不会影响自己的比赛。如果高尔夫球场上的障碍影响到你，那么每一个障碍都会对你的分数产生不利影响。不幸的是，你不能控制外部影响，但你完全可以掌控如何在自己的头脑中理解这些情况。改变如何理解挑战，不仅会降低你的分数，

第二章 控制

还可以使你放松，享受比赛，无论周围正发生什么。

控制圈

既然你已经知道如何处理超出控制范围的外部影响，那么让我们看看比赛中你力所能及的因素。

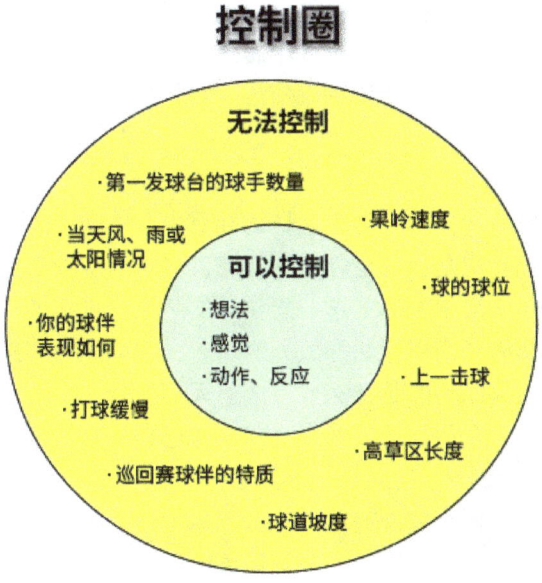

上面的图形表明了在高尔夫球场上球手面对的因素。内圈称为控制圈，你处于此圈内。你可以控制自己的想法、感受和反应。实质上，这就是你可以控制的一切。在球场上，你对所有变因的想法、感受和反应将影响比赛结果。当你击出一个差球时，你决定如何反应。在挥杆前，你决定思考些什么。因此，你的思维想法对行为产生直接影响。

11

掌控自己的想法、感受和行动的关键是学会有效地管理负面情绪，这些情绪通常伴随糟糕的击球或富有挑战的形势。

驻在大脑中的小恶魔

由于大脑控制着身体行为，我们可以假设积极的想法产生积极的结果。不幸的是，要产生积极想法并不总是那么的容易，特别是在自我贬低等同于谦虚的社会中。你必须学会忽视那些包含负面情绪的家伙——你大脑里的小恶魔。这种小恶魔负责传递负面信息，这导致我们自责，同时对自己的能力失去信心。我们越屈从于小恶魔，就越不会成功。

在高尔夫球场上，当你从精神层面上，已经准备好失败时，小恶魔就会出现。一个例子是在人群的观看中开球。在这种情况下，许多球手共同担心的是会打出外弯球，或仅仅将球从球座上打掉，使自己难堪。你的脑海中充满了这些想法，实际上你正在准备做害怕会发生的事情。当你的消极想法导致外弯球时，你可能会埋怨自己"你这个白痴，击出那球为的是什么？"或"人们看着时，我总是会击出差球"。问题是，在你到达发球台之前，你已经将自己设定为失败了。听从大脑里的小恶魔，你就已经屈服于消极的结果。

想象一下，你正驶向高尔夫球场，途中接上你的球童，他上车便说："今天不太好，有风，这会变得更糟——球会更难打。"当你到达时，驶过第一发球台，看到很多人在四处转悠。你的球童说："哎呀，我希望你到那时，那些人已经不见了。还记得上周，这些人全都在看着你开球，而你球打歪了，不得不再在前面几英尺重新击球？那真是太太尴尬了！"当你接近果岭时，没有将球打到果岭上，而是落在了沙坑后，然后你听到"哦，这球有难度。你得很好地击中它，让它越过沙坑停在果岭上——记得上周你把球打进沙坑，击球三次才出去——哎呀，那真是太惨了。"之后当你在果岭上准备推杆时，你听

第二章 控制

到"每个人都说这会儿的果岭又硬又快——别过度击球!"因此在第一洞结束时,你想怎么处置你的球童?很明显,解雇他们!

唯一的问题是,在每场比赛中,我们中很多人都带着自己的邪恶球童,只是它们不是人类,它们在我们的思维里!如果总想着消极的建议,球手就会消耗宝贵的精神力量,这些力量可以更有效地用于积极思考,进而打出出色的球。相信小恶魔,实际上改变了大脑的化学反应,造成你的身体紧张。高尔夫是一项流畅和感觉的运动,而当你脑中的化学反应过程使你变得紧张时，几乎不可能打出好球。忽视小恶魔确实需要练习，但从长远来看，学习战胜破坏性的想法，将使你成为一个更具自信的球员，即使在没有发挥最佳状态的时候，你也能享受比赛。

如果你屈服于消极的想法，它们就会变得极难克服。关键是取得你思想的控制权，用乐观主义代替悲观主义，并用类似"我能做到"或"我能以完美的节奏挥杆"的短语代替消极建议。你可以像小恶魔散播新的消极想法一样，简单地述说这些想法。在通常会产生消极冲动的场景中，通过召唤一种积极的态度，你将重新开始，让自己有机会打出好球，并在比赛结束时自我感觉良好。

提示

1. 接受高尔夫球场上有超出掌控的变因。反复无常的天气和草皮的状况与标准杆和小鸟球一样是比赛的一部分。在不同条件下打球，不仅可以令比赛充满挑战，还可以让你通过体验球场上的新情况来提升技能。
2. 了解障碍是比赛的一部分。消除困境中的负面情绪，并调整心理策略，克服比赛中出现的各种情况。
3. 学会像浮云经过般忽略内在的消极想法。运用你的精神能量专注眼前，并且深信不疑。

专注

"如果你的思维开始彷徨,那么你的表现也会如此……专注过程,放下结果。"

——加里·麦克(Gary Mack)

你所专注的事情会扩大

科学事实表明,一个人若要成功做成一件事,必须先在精神层面上构思这件事。如果你的目标是让球越过沙坑并落在果岭上,你必须首先在思维中创造出这样的场景,才能将其实现。形象化的暗示过程使得思维能够向身体展示如何有效地执行任务。著名的哈维·佩尼克(Harvey Penick)曾经说:"如果你心存疑虑,那么你的肌肉该如何知道做些什么呢?"

为了产生最佳的挥杆效果,每次预备击球时,都要在精神层面上构建一个完美的场景,以便在思维和身体之间达成共识。自信的球手是能够在认知和身体自我中达到平衡的人。

从根本上说,我们得不到所应得的,我们得到所期望的。类似于自我实现预言,如果你希望没有看到沙坑,并将球击到果岭上,那么球越过沙坑落到果岭上的机会将无限高。如果你很担心球会落入沙坑,并以这种消极的想法耗费自己,最终你的球更有可能会落入沙坑。为什么?因为我们所专注的事情会扩大。你的大脑有能力处理你视线中的影像,但它不具备区分积极和消极影像的能力。

如果你站在水障碍前面,注视着它的庞大,你在请求大脑集中注意力在水障碍上,除此以外没有别的任何东西。问题是,你传递给大脑的唯一信息就是瞄准这个你所强烈关注的水体。让水障碍扩大到满眼皆是,你在向大脑发出一个信息,即在这种特殊情况下水体优先,同时球应该打向它。在这种情况下,球手常常"窒息"或变得"吓傻了",因为他们被想象中膨胀的影像吓倒了。为了打败这种现象,将注意力集中于你想要放置球的地方是很重要的,同时在心理上减少视线中的障碍。集中注意力在一片你想球落入的草地上,同时心理上无视或缩小障碍的大小,这将向你的大脑发出一个明确的信息,你将要击的一杆是一种现实的期望,同时它是你力所能及的。如果你能以这种方式聚焦注意力,那么你的思维里就不会有应该将球打向哪的含糊不清。通过改变对击球的认知，你可以改变任何场景以适应你的技能水平。你所需要记住的就是专注于目标，将那些消极的想法放在一边。专注于你想要的东西，而不是你不想要的东西！

形象化

我们都有过在第一发球台上的紧张经历，注意力不集中，焦虑，以及比赛中反复犯技术问题，你可能没有意识到的是，在心理准备好之前就打球，一般会造成不能完全发挥自己潜力的障碍。

在预备击球前，用一套常规程序在思维中演练击球，将帮助你清除顾虑，克服影响表现的紧张和焦躁心理。思维永无止境地变化着，平均每天处理60,000个想法。不言而喻，一一排除影响专注力的干扰需要一些练习。

一种简单的方法是，创建一套包含一些心理形象的挥杆前准备动作。练习这套动作，它将成为比赛中每次击球前自然且重要的一部分。在你预备击球之前，花点时间想象一下你将如何挥杆，以及你希望球落地的位置。再一次，尽量缩小你的目标，在这个关键时刻，集中注意在你正在做的事情，瞄准那一点。排除关于分数、先前的击球，以及有谁正在看你打球的所有想法。放下思维中的所有复杂问题，让你的思考变得简单、直接和明了。

如果你可向思维提供一个固定的信息，而不是一串指令，你将一直获得较低的分数，并在比赛时变得更加放松。

想象"波浪"

理想的高尔夫挥杆节奏与波浪拍打岸边的节奏非常相像。想象波浪的运动，它是有节奏和流动的。像波浪一样，高尔夫挥杆也应该是一种有节奏、流畅的动作。挥杆的相关技术步骤应该留在练习场上，而不是在比赛中。在比赛时，通过将高尔夫挥杆的技术方面融合成一套流畅的动作，你的击球将变得更加一贯和可靠。将所有的技术融汇成一套有节奏的动作，能释放压力和紧张，因为这些压力和紧张与不良的姿势和不稳定地挥杆息息相关。理想情况下，在打高尔夫球时，你应该什么都不想，但是我们都知道完全地清空大脑是不可能的。与其试图对抗随意进入思维的侵入性想法，不如在视觉上构建一幅"波浪"的图像。

当你用大脑规划，用心比赛时，就可以打出最好的高尔夫。将技术留给挥杆练习，并将这种流畅运用在击球上。这相当简单，站在球边，聚焦注意力，并看向目标。然后深呼吸，想象"波浪"，注视球，注视目标，再注视球并击中它。所有的这一切都发生在20秒内，通过练习将它变成习性。请记住，高尔夫是一项注意力的运动——如果你可以最大限度地减少想法，就可以使你的分数降到最低。

提示

1. 首先，通过在脑海中想象，向你的身体展示你想要如何击球。
2. 专注于你想要的事情，而不是你不想要的事情。
3. 在每次挥杆前的准备动作时，用一套常规程序，在心中演练你想要打出的击球。
4. 将挥杆技术留在练习场上。

恐惧

"在所有危险中,恐惧是最糟糕的。"

——山姆·史立德(Sam Snead)

我们招来我们所惧怕的

如果高尔夫球手担心失败，那么他是无法保证挥杆流畅的，而且这会导致不稳定和糟糕的击球。换句话说，如果你一直负面思考球洞的结果，你已经破坏了自己的击球。为什么？因为我们招来我们所惧怕的。如果你将全部的精神能量都集中在想象最坏可能发生的情景上，你将别无选择，只能屈服于脑中规划的这个注定结果。

恐惧是一件有趣的事情。许多人在高尔夫球场上感到恐惧，许多人将惧怕与某一特定的球洞，或熟悉的且充满挑战的情况联系起来。因为恐惧是建立在对过去事件的消极反应上，高尔夫球场上的传统挑战常常伴随恐惧，在球员甚至试图克服它们之前。你可能会告诉自己，你不喜欢某个球洞，你总是很难打过去。在将球座放入地面之前，你通过唤起消极建议，立刻创建了一系列的事件，最强的事件在你大脑中产生化学反应，导致你的身体行事与以往不同。因此，为了打破这种连锁反应，重要的是要想象你真的很喜欢每个球洞，而且每个球洞都是好球洞。尽量不要沉溺于你已经击出的坏球，专注于眼前，仿佛这是一个全新且令人激动的挑战。通过改变面对障碍时的态度，你将能够更好地征服它们。

第一发球台上的紧张

一个非常熟悉的，会让许多球手，不仅仅是初学者，产生焦虑的情况，就是在一群人面前开球。如果你走向第一发球台，担心自己会用一记糟糕的击球令自己出丑，那么在练习挥杆前，你就已经为失败做好了准备。这是运用形象化技能的好时机——想象完美地挥杆，并设想将球打到哪里。聚焦你的注意力至某一目标，忽视一切可能干扰想象的东西。每个人都曾有过第一发球台上的紧张经历，尽管你可能感到每个人的注意力都集中在你身上，但其实大多数人都在考虑他们自己的击球。请记住，如果你确实在第一发球台上击出了坏球，那些注意到的人只会表示同情——每个高尔夫球手都会发生这种情况，而这肯定不是世界末日。关键是要将你的注意力从观众转移到目标上。记住你是为自己打球，而不是为了人群。

高分焦虑

过度强调最终分数，进一步强化了你对高尔夫球场的恐惧感。担心还没发生的结果，使这种感觉被夸大了。在击球前，重要的是放下比赛的结果，同时将注意力集中在高尔夫球上，以及你想要将它击去的地方。

在高尔夫球场上，引起高分焦虑的一个熟悉场景是，当面对沙坑时，你担心球会落在沙坑里，要浪费几杆才能将球打出。好吧，你猜怎么着？球可能不会落入沙坑——可能会落在果岭上！你用尽精神能量担心甚至没有发生的事情，这导致你的潜意识产生身体紧张，造成你的挥杆不流畅。

恐惧是一种妨碍你表现能力的负面情绪。当有迹象出现这种情绪时，你需要退后一步，从这种情况中解脱出来，然后重新开始。恐惧令人难以实现轻松、流畅的动作，这种动作对高尔夫挥杆至关重要。记住"波浪"的图像。用积极情绪取代消极情绪，用"波浪"的图像取代技术想法，这样你就会处于一种理想的心态，打出完美的击球。

虽然高尔夫的共同目标是获得较低的分数，但将所有的注意力都集中在一个数字上，可能会带来精神上的负担。通过减少对分数的痴迷，以更放松的态度打球，你的比赛表现将会更加稳定，同时你的竞争焦虑将会减弱。较低的分数将随之而来。

提示

1. 通过专注于击球，忽视任何可能正在旁观的人，减轻第一发球台上的焦虑。记住，他们正在考虑自己接下来的击球，而不是你的。
2. 放下结果，专注于你现在的击球。打比赛一次击一球，不要想太远。
3. 恐惧会妨碍你的表现能力。告诉自己，你喜欢高尔夫球场上的每一个洞——某个球洞不比别的更好或更差。用积极情绪取代消极情绪，你会变得更加放松和自信。

运用你的本能

"你身体里的智慧往往比你大脑中的想法更可靠。"
——玛西亚·雷诺兹博士（Dr Marcia Reynolds）

顺应你的直觉

有成就的高尔夫球手常常常依靠他们的本能去击球。老话说得好，在任何情况下，你的第一本能通常是正确的。我们都经历过做决定最终却失败了，之后回想起来，是因为我们忽略了"直觉"。它是人的本性，我们经常会承认"我早就知道我会这样做！"

本能来源于对自己真实能力的深入了解。事后猜测第一本能或怀疑"直觉"，通常是在心里开始出现犹豫和不确定的情绪之后。当球手犹豫不定时，他就很难在精神上准备击球，同时其流畅性和挥杆技术也会受到影响。例如，你正拿着一支特定的球杆走向球，在准备击球时，你再次怀疑球杆的选择。犹豫不决下，你更换了球杆，但在挥动球杆前，你又质疑自己是否做出了正确的选择。与此同时，你对自己的决定感到很不安，这引起心理怀疑，导致你打出一记糟糕的击球。听上去很耳熟？常见的第一反应是将糟糕的击球归咎于球杆的选择，如若坚持开始的球杆，可能会有更好的击球。虽然这是一个十分常见的错误，但是在这种情况下，不应该责怪球杆的选择导致了糟糕的击球。

这些情况下，导致糟糕的击球的原因是，在预备击球时，弥漫的不确定性分散了你的注意力。任意一支球杆都可能是合理的选择，但是在挥动球杆时，缺乏信心会导致你无法有效地击球。通过信任本能或直觉，你可以自信地做出决定。如果你能学会倾听直觉，并相应地反应，你就会做出更好的选择，知道会发生什么，而不是冒险，指望产生最好的结果。

当风险回报率高时，请注意不要去"逞英雄"击球。如果你正在考虑一记击球，在现实中超出了你的能力范围，那么最好打你有自信的击球。相信自己的能力。自我怀疑只会降低你的专注力和表现能力。你知道什么对你有用——不要让暂时的缺乏自信影响最初的击球计划。当然，这不是说你永远不应该换球杆，这是指当你这样做时，确信你做出了正确的选择,并且不要怀疑在决定背后的原因。一旦你做出选择,坚持下去,并坚信它会成功。

准备心理

虽然自信会帮助你打出完美的击球,但至关重要的是你得做好心理准备。在挥杆前,竭尽全力保持放松和平静。如果你感受到任何压力,无论是来自于其他球手,或存在于自己的心中,退后一步,花些时间重组。在这点上,最好的做法是做几次深呼吸,让紧张随着每次呼吸消失。

如果你尚未做好心理准备,就不可能有效地击球。感觉不确定或匆忙,会分散你的注意力,击球结果将更多地与运气相关,而非技巧和专注力。你是否曾感觉在发球台上很匆忙,急急忙忙地走到球前,就开始击球?这样99%将会导致糟糕的击球,因为你的思维和身体尚未有效地沟通。通过将思维准备融入到挥杆前准备动作中,你将击出好球。如果运用直觉去练习,你就可以控制自己的行为。

提示

1. 倾听自己的本能。自我怀疑会导致糟糕的击球,因为怀疑会分散精力,废除集中注意力的能力。
2. 对自己的选择充满信心,坚持下去,并放心它们会成功。暂时缺乏自信可能会影响你最初的击球计划。

信任你的潜意识

"当我们击中高尔夫球时,我们希望尽可能的用潜意识控制身体。你必须对自己的挥杆足够有信心,这样你才能完全信任它。"

——拜伦·尼尔森(Byron Nelson)

发掘你隐藏的潜力

　　有意识思维的功能是看、听和学习。它完成全部的分析、批评、推理和判断。相反地，潜意识是非理性的，不做任何决定。它只会根据本能、遗传、习惯或重复思想去行动。它的主要功能是控制身体功能，引导动作和储存记忆。每当球手击打高尔夫球时，他们的潜意识在其判断和技术中发挥着重要作用。潜意识思维的功能总是一致的——你无需考虑它们。不要尝试令某事发生，只要相信自己的能力，让它顺其自然！

　　为了能充分地发挥你的潜力，你必须首先意识到它的存在。然而大脑中存在一些先入为主的限制，它们会阻止你晋级，只有除去这些限制，才能发掘你的全部潜力。潜力不是立即可以得到的东西——它必须通过战略和意识发展。制定一项发掘自己全部潜力的大脑战略需要实践和决心。它还需要相信自己的能力，并不断地提醒自己，实现目标是你力所能及的事情。

　　一群高尔夫球手可能技术水平相似，优势和劣势相同，但是将改善了的球手与继续挣扎于相同问题的球手区别开的是，高级球手会创造性地利用他们的心理资源，并将其用于他们的竞争优势。与你所相信的相反，无论你多么练习身体动作常规程序，在比赛中，将你引向成功或失败的决定因素是你的想法。寻找与内在权力联系的方法，可以为你带来大多数球手所渴望的竞争优势。通过明白成功的能力在自己心中，你可以删除任何之前限制表现想法。

相信自己

　　尚未认识到能力是从内部去改变的球手，经常会陷入精神困境，并一而再、再而三地犯同样的错误。"在第一发球台开球时，我总是打外弯球"，或者"我永远不能击球越过水坝"，这些都是自贬言语的典型例子，体现了他们总想着个人的局限，而不相信其内在的潜力。克服这些心理障碍，只能通过消除与高尔夫球场挑战相关的消极态度，并且以积极的主张取代消极的想法来达到。你必须首先决定要调整自己的态度，然后在比赛中，每当你产生讥讽或悲观想法时，重新认定自己的能力和潜力。

在充满挑战的情况下，重新认定是提醒自己能力的简单方法。这可能听起来很不科学，但通过告诉自己"我能"，而不是"我不能"，改变自己的态度，会改变整个身体的化学反应，转而将影响你的整体表现。通过相信自己可以完成这个任务，你只需要鼓励自己，就能带来表现优势。

你不必大声地喊出重新认定，只要将它们铭记在脑中。你可以在将要击球时，在脑中重复这些话语，额外提升自尊心。自我重复的话语可以是鼓舞人心的——"我知道我能做到"，或技术上的——"完美推杆"、"完美挥杆"，或者是积极提醒——"之前已经击球越过沙坑了，我可以再做到。"你决定想些什么——只要确保这些建议是积极的。如果你让思维采纳负面的建议，它将对击球产生不利影响，这也会导致你在整个比赛中做出糟糕的决定。

一个自我实现的预言

思维无法区分好图像和坏图像。当你试着不将球击入面前的球道沙坑时，你在想什么？你在专注于沙坑，对自己说"不要把它球打进沙坑。"你思维中的最后一张图像是沙坑。你的身体控制挥杆，努力过度，结果是击球落入沙坑，正好是你试图避免的地方。

自证预言的另一个典型例子是，在一潭水体前开球时，去拿一个旧球。在这种情形下，球手带着先入为主的、会丢球的信念进入了这种局势。"在这个球洞，我总是击球落入水里！"因为他们暂时失去了对自己能力的信心，换球就决定了他们的命运——现在球就沉在池塘底。所以，作为实验，不要换球。相信自己有能力，每次遇到挑战时都要竭尽全力。人们只能在自己设定的限制范围内完成事情。通过改变先入为主的想法，就可以改变因习惯性缺乏安全感导致的反复模式。如果你足够坚信，任何事都能成为可能。请记住，个人能力与自我信任直接相关。

提示

1. 要充分发挥自身潜力，请意识到它的存在。
2. 只有消除所有的消极信念，才能实现全部的潜能。你需要尽快地忘掉坏球，并深深铭记好球。
3. 通过消除对球场上某些场景或球洞的消极想法，以避免陷入精神障碍。积极地思考每一次击球，并确信自己有能力实现目标。

仅关注当下

"处在当下意味着只关注手头的击球。如果你向这种情况添加任何东西,例如一次推杆带给分数的意义,你的思维就会离开当前,与身体不同步。"

——约瑟夫·帕伦特博士(Dr Joseph Parent)

"现在"的力量

在每次击球前，达到最佳的、明了的精神状态，去除关于过去和未来的所有想法，只关注眼前任务。通过清除无关现在所做的事情的分心想法，你将能够集中全部精力打出完美击球。实现心理明了的主要目的是让自己处于一种强烈专注的状态，排除任何可能影响表现的想法。

想着关于上一个球洞，或者上次处于相似情况时的不愉快经历，会将注意力分散于即将打出的球和过去的回忆之间。或者说，过分地强调期望，例如赢取比赛或刷新个人分数记录，这不仅会扰乱你的注意力，导致糟糕的击球，也可能会破坏你对剩下比赛的态度。因为过度考虑过去和未来的击球，整个比赛可能会被破坏。如果你去除了无益的想法，并努力专注当下时刻，你会战胜失望感，并且提升专注力技巧。在任何一定时间内，你的思维中只应该出现一个击球——便是即将打出的击球。

将整个意识转移到当下，消除惧怕和分心，是一种体现高尔夫理想心态的哲学的基础。禅宗哲学指出，为了让心灵安定，你必须通过消除所有心理障碍，实现开明的状态，与宇宙合一。在消除所有过去和未来的想法，并与现在成为一体时，你将有能力创造自己的真理。在高尔夫球场上，如果能学会摒弃过去和未来，在那一时刻比赛，你不仅会变得更加自信和专注，你也将成长为一名快乐和放松的球手。

在比赛中，实现"禅"的思维状态，是指消除与焦虑和回忆相关的负面情绪。惧怕重复犯错会导致自我怀疑，从而削减专心能力和整体力量。每个人都会犯错误，我们可以学习它们，但这并不意味着我们要总想着它们。通过享受当下，而不是总想着消极的可能性，将会打开你真正的潜力大门。实现你想要的结果就是管理思绪，并相信自己。

消除心理包袱

在每次准备击球时,重要的是击球期间要开始专注,并将它维持。通过将想法维持在当下,每当你尝试击球时,你的思维会集中,且充满积极能量。在发球时,想着过去的经验,只会令思维纠缠消极情景,导致你分析现在状况。想象一种不尽人意的结果,将迫使你以压抑去比赛,而不是自己的全部潜力。

实现最佳专注状态的最好方法是完全专注于球上的某一点,并创建一幅你想要实现的图像,而不考虑可能的后果,或重复犯的过错。每次击球都重新开始,确保不带任何心理包袱到下一个球洞,带着重新开始的优势,将解除所有预先设想的限制。

为了更详细地解释这一点,想象一下,你正在18洞发球台开球,相比以往的最佳成绩,你领先一杆。你知道,如果以标准杆完成这个球洞,你将有一个全新的个人记录。与此同时,你正想着昨天的那场比赛,当你在18洞开球时,球落在了树林里。此时此刻,你有着过去和未来两个独立想法,在准备发球时,这扰乱了你的焦点和注意力。这些想法带来了紧张感,影响动作的流畅,使你几乎不可能好好地击球。在此,你必须做出一个决定——要么你暂时摒弃这些想法,以获得最大的专注,并将所有的精力放到打出完美的击球中;要么你担心重复一次糟糕的击球,并且不能刷新个人记录,导致你对自己的能力失去信心,结果在你最需要它的情况下,妨碍你的表现。

养成在当下比赛的习惯,可以确保你现在的击球永远不会受到限制、条件或过度思考的影响。为了消除整个比赛的压力,可以将一场比赛拆分成几场与自己对战的小型比赛。如果只需要担心现在的击球,你就不会感到那么的不知所措,并且会学会享受这一时刻,而非沉迷于本来可能是什么,或者将可能是什么。可以完全从你的想法中抹去高尔夫球手的名言"要是……就好了!"

提示

1. 一旦决定了如何击球，向球走去，将有意识思维放在一边，创造出一幅影像，这样你的身体可以去执行并击球。
2. 在准备发球时，删去关于前一个球洞和分数的想法，将帮助你实现自己想要的击球。
3. 过分重视赢得比赛或刷新之前的分数，会改变你的注意力，导致糟糕的击球，随之而来，在剩余的比赛中产生破坏性的态度。

破坏性的思考

"当愤怒占上风时,它通常会带出你最差的一面。"

——加里·麦克(Gary Mack)

当愤怒显露丑陋头角时

每个人都时不时地会打出糟糕的击球——这是比赛的一部分。如果比赛总是很完美，那么很快我们就会厌倦它，并去追求其他更具挑战的事情。需要铭记的是，如果在击出一记坏球后，你感到生气，你必须迅速释放这种情绪，否则它将贯穿剩余的比赛。我们都知道有些球手在击出一记坏球后，会骂脏话，扔掉球杆，将他们的不幸归咎于其他所有事请，除了他们自己的行为。从那一刻起，这不仅打扰了其他球手，也会对他们自己的表现产生巨大的影响。毋庸置疑，愤怒是对坏事的正常反应，但如何处理失望，会使你的比赛不会彻底失败。

正如佩恩·斯图尔特曾说："态度差比挥杆差更糟糕。"让负面情绪占上风，会打败你的心理游戏，因此很重要的是，在"状态差的时候"，接受自己的失望，然后尽可能快地翻篇。你越早翻篇，就越早记住这个经验教训，并将这件事作为一次学习机会。没有人愿意和"扔球杆的人"一起比赛——他们好战的行为会扰乱思路，让人难以思考其他事情。并给气氛带来消极能量，消除了比赛的乐趣。

那些过渡表达负面情绪的人，不太能改善他们的比赛，因为他们倾向于纠缠自己的负面表现，并且很少或没有花精力去改善自己。我们无法完全控制每次击球的结果，但却完全能控制自己如何反应，以及如何将每次击球结果学到的知识运用到未来的高尔夫球比赛中。

损失控制

只需要击出一个坏球，一场良好的比赛很快就能变成一场差劲的比赛。在到第一发球台前，你可能怀着愉悦的态度，持着很高的期望，但弄糟第一个击球可能会改变你的整个心态。如果你没有立即后退一步，接受所发生的事情，再继续比赛，你可能会转身回到俱乐部会所。相反地，如果你能决定隔离那次击球，并继续专注于下一次击球，从那一刻起，你会发现自己将拥有一场非常棒的比赛。这同样适用于三次或四次推杆进洞，或挥杆几次将球打出沙坑。重要的是要隔离这些事情，并将注意力集中在下一次击球上。将每次击球视为一场全新的比赛，不要老想着消极事件，因为你的整体态度直接关乎你的身体表现。

愤怒是一种妨碍熟练和流畅的情绪。你是否常常看到有些人边发脾气，边试图用手做事？最终，他们会笨手笨脚地弄乱东西，并扔掉它们，甚至沮丧地摔破它们。这就是为什么在高尔夫球场上，当你感到沮丧时，在过度反应变成愤怒前，进行损失控制是非常重要的。你越早恢复情绪，就越早重建自尊，并能把坏情况转化为好情况。这不仅更有可能击出较低的分数，还可以令你在其他球手中更受欢迎。苦难喜欢找同伴，但人们却不喜欢苦难。

提示

1. 当你击出坏球，感到愤怒时，尽快释放这种情绪，这样它就不会影响你剩余的比赛。
2. 将错误看作是学习经验的机会，而不是自我批评。
3. 学会隔离差球，并专注于下一次击球。

学习爱上挑战

"在高尔夫运动中,你的优点和缺点永远存在。如果你能改正缺点,就会提高比赛。讽刺的是,人们更愿意练习自己的优点。"

——哈维·佩尼克(Harvey Penick)

打自己的比赛

每个高尔夫球场都有各种障碍，它们是为挑战球手而设置的。讽刺的是，这种增加比赛吸引力的挑战通常会令人感到沮丧和失望。对一名球手来说，完全满意一场比赛是非常罕见的，但是通过较少的击球完成一场比赛，就像诱人的甜头一般，令球手们去而复返。希望改善之前的分数激发了他们对这项运动的热衷。球手们一直有种感觉，如果改变了一件事情，就可以提高——这是挑战的本质。你对比赛中变量的态度，直接影响了打球的表现，和每轮比赛后你的感受。

球手们倾向于根据最近的分数来判断他们的表现，并且在一场比赛后，他们会花很多时间纠缠于球落在草根土中造成的额外一击，或风影响球落在果岭上。若专注于如果条件完美，可能会发生什么，最终他们会纠结博忌球，而不是珍惜小鸟球。杯子是半空的而不是半满的！每次打球时，即使是在最精心维护的球场，情况都会有所不同，天气和球道条件会有所变动。如何洞察和管理这些挑战，将使你成为一名更好的球手。只需摆脱困境一次，你就可以增强信心，增加经验水平。每当你在充满挑战的球位击球时，无论打出好球还是坏球，你都会学到一些技术方面的东西。无论击球结果如何，你都会更加熟练地评估下次在相似的情况下该做些什么。如果你将充满挑战的情况当作丰富的经验，你不仅能避免失望，还会提高判断力和技术能力。

竞争的精神

一名成功的球手将挑战视为改善比赛的方式，并以此保持积极的态度。成功的球手同样喜欢与他人竞争，并认为健康的比赛可以提升动机和目标设定。虽然球手间竞争是高尔夫平常和愉快的一部分，但重要的是要保持绩效导向，并专注于自己的比赛，而不是想着跟上或落后于对手。虽然你正在和对手比赛，但要记住，你实际上在与高尔夫球场竞争。

你的主要中心应该是提高个人分数，而不是打败你的球伴。过分关注球伴的表现，只会分散自己的目标，并且令你用与以往不同的方式打球，以尝试对抗或超越他们的技术水平。

举个例子，假设你在与一名差点较低的球手一起打球。在比赛期间，如果你很难跟上球伴，你可能会在每次挥杆时试图过度击打。当你试图用过度击以打获取更远距离时，你往往会在挥杆时紧张、不放松。结果造成内弯球或外弯球，进而导致更多杆数。如果你能够控制只专注自己的比赛，就更有机会改善个人分数。所以请记住，虽然竞争是比赛中健康、令人兴奋的一部分，但不要过于紧张球伴的表现。与球场对赛，你将获得更多一致的结果，享受竞争，而不是紧张它。

提示

1. 视高尔夫球场上的挑战为改善比赛的机会。
2. 专注打自己的比赛，而不是你的对手如何表现。与球场竞争，你的目标应该是改善自己的比赛，而不是通过与他人竞争评价自己。

稳定性的重要性

"卓越不是一种行为,而是一种习惯。我们的重复行为造就了我们。"

——亚里士多德

在你的舒适区内打球

在高尔夫比赛中,一大优势是实现一定的稳定性。如果你可以达到一定程度的稳定性,你将更好地把握某些行为会产生某些结果,随后在整个比赛中,你将做出更好的、有竞争性的决定。以稳定性打球是指在比赛中使用尝试过的、真实的技术,从而经常地获得理想的结果。它还意味着有能力识别应慎重打球的情况,并采取稳妥的方法,而不是激进冒险。

在富有挑战的情形中,实现比赛稳定性的一种方法是使用几种可靠的击球。依靠反复练习"紧急"击球,在你通常感到焦虑的时候,能给你提供舒适感。当面对挑战时,例如在树林或沙坑中打球,你通常会尝试过度击打或花哨击球,来避免因障碍导致的额外一杆。与其尝试在差球位过度击打,不如安稳地击球,使球落在更好的位置,为下次击球做准备。过度尝试击球将使你的身体变得紧张和有压迫感,进而导致内弯球或外弯球,从而增加分数,而不是减少杆数。

当然比赛中有些时候可以冒险——这就是学习什么情况是有效的,什么情况是无效的方法。但是如果你舒适区内使用花哨击球,在有压力的情况下使用可靠的击球,你的发挥将更加稳定。

哈维·佩尼克(Harvey Penick)曾经说过,"学习一种在压力情况下也可以打的基本击球,并坚持下去。如果你擅长一种很好的基本击球,就很少需要击花哨球。"如果在困难的处境中,你能打出一种舒服的击球,那么之后,你很可能以较少的挥杆走出困境。

将你的比赛提升到新的水平

将你的比赛提升到一个新的水平,是指运用有计划的决策为自己打球,而不是情绪化的决策。留着激情去庆祝一场好球,或在脱困之后。在发球时将感情放在一边，可以让你专注击球，并帮助你在挥杆时放松。让你的思维充分了解你在做什么，并让你的潜意识记忆掌管挥杆技术。使用形象化技能，并想象"波浪"。放下你的执念和期望，让自己活在当下。

通过自我肯定激励自己，对自己的能力充满信心。给自己应得的鼓励，并且了解有规律地击出好球是你力所能及的事情。无论发生什么，养成一直积极的习惯，这将有助于你的整体意识，以及对表现的掌控权。稳定性是将良好的运动员与杰出的运动员区分开的关键。最优秀的运动员一直获胜，因为他们始终如一地思考、行动和实践。如果你在心理游戏的各个方面都坚持不懈地实践，那么在你意识到之前，当你面对高尔夫球场上的挑战时，你将更加放松，并对自己的决定充满信心。

提示

1. 避免试图"过度击打"或"过度尝试"击球以跟上球伴。过度尝试击球会导致身体紧张，这是造成挥杆差的主要原因。
2. 学习一两种可以用来摆脱困境的基本击球。
3. 制定有计划的、策略相关的决定为自己打球，而不是情感决定。

冥想和接受

"学习过去,准备未来,并且表现在当下。"
——托马斯·孟荪(Thomas S. Monson)

冥想

在各种哲学和信仰系统中,冥想技巧已经被使用了数千年。当今时代,这些技巧的组成部分被用于现代心理学、医学、教育和体育中。

运动心理学的最近研究在冥想和运动表现间建立了牢固的关系。他们发现冥想与当前时刻专注有关,这是体育中峰值性能心理学的本质。

冥想是指有意识地将认知带到你此时此地的经验中,以特定的方式,有目的地,在当下,非判断地关注(卡巴特-津恩(Kabatt-Zinn))。那么这与高尔夫有什么关系呢?

高尔夫球手往往会被卷入过去或未来的时刻。比如对过去,"该死的,我为什么打那种击球,我早知道不该用那支球杆,真是个白痴!"对未来,"如果这球推杆进洞,就会是小鸟球,那会是这么多年来,我打得最好的一场!"

问题是,带着对过去和未来的想法,你便失去了处在当前的能力。你的思维被束缚在评判性的想法中,而且这些评判性的想法会使你的大脑进入"威胁状态",令你的身体准备好"战斗或者逃跑"。这显然不是你需要的放松状态,可以用流畅和感觉击球的状态。

典型的一般水准高尔夫球手会在一场比赛中花费太多时间与自己的小恶魔斗争,这令他们对过去难以忘怀,对将来杞人忧天,还有一大堆评判。如果你不确定这是否适用于你,请继续往下读。

在上一场比赛中,关于以下内容,你的想法的比例是:

过去:刚刚打出的糟透的一击;刚刚擦肩而过的最后一洞;三次推杆的次数;今天失误的次数;失去机会的次数;有史以来最差的比赛。

未来:如何将前九洞的优异成绩与后九洞相结合,打一个好成绩?担心今天这场比赛打得太好,不想在最后几个球洞有失水准;和场上球手相比，你今天将打得如何；如果这一球推杆进洞，就会是第二个小鸟球，而且距上次一次打出小鸟球已经有一段时间。

评判：通常主要是内在的——批评自己的一记糟糕的击球，或错误的球杆选择；责怪团队中其他球员打球缓慢；告诉自己你就是不能推杆；告诉自己你没有能力很好地打完18洞一整场球；对比小组中分数最低的球手。

如果你有花时间在过去、未来或评判上，你需要在球场内外都练习冥想。

用心的高尔夫球手专注于正在进行的事情，而不是刚刚发生的事情。他们的思想很平静；他们置身于现在，此时此地，对过去或未来没有任何依恋。他们在当下打高尔夫，知道现在这个时刻是唯一可用的，且非常重要的时刻。

如何成为一名专注的高尔夫球手

在挥动球杆的几秒钟内，你的思绪在哪里？你的脑子里放着什么磁带？如何变得专注，你才能不一直想着上一个差球？

当你站在球旁时，最容易专注的方法之一是呼吸。一旦你准备发球，就不要多想它，这只会使你的评判思维开始评论。相反地，在你已经形象化目标，注视着球之后，吸口气数到3，然后呼气数到5。随后立即击球。在脑中数数，因为这会占用大脑中用来担心的部分。而你很难同时做到数数与担心这两点。

另一种变得更加专注的方法是注意你的感觉。你手中的握把感觉是怎样的，你袜子里的脚趾有什么感觉，你鞋子下的草地感觉是怎样的。甚至可以去聆听周围的自然噪音，树林中风的低语声，鸟的鸣叫声，割草机或汽车驶过的声音——就是不要注意队友的谈话！你可以注意照在皮肤上的阳光，只是注意，不要评判。例如，注意感觉太阳有多温暖，而不是你忘记擦防晒霜。每天花时间检查自己的心理评论,即使不在高尔夫球场也是如此。如果你的有意识思维"察觉到"过去、现在或评判,那么按下暂停按钮,花几秒钟来体验冥想时刻。一旦你更加了解自己的小恶魔,你现在就可以决定对它做些什么。

接受

大量证据表明,企图抑制不必要的想法,实际上可能导致干扰思绪。试图压制想法,反而会增加想要避免的想法的出现频率。最近的心理学和运动心理学研究已经开始关注接受对我们的良好状态和表现的影响。约翰·卡巴特-津恩(John Kabatt-Zinn)定义接受为"愿意以其当时实际样貌看待事物",并指出"我们经常浪费大量精力否认并反对已经存在的事实"。

什么不是接受

接受并不意味着听从、宽容或咬紧牙关忍受,甚至喜欢它。更重要的是,在当时愿意接受想法和感受的本来样子,然后以坚定的行动为价值观服务。

正如前一章所述,我们无法控制很多事情,特别是在高尔夫球场上。幸运的是,我们可以控制有些事情:我们的努力、态度、处理问题的方法、击球的准备等等。通过采纳接受的态度,我们允许自己让事情发生并过去。我们看待无法控制的事情正如它们本身——完全无法控制,同时我们开始掌控可控制的事情。我们对比赛采取了新的方法,一种是放松冷静,另一种是更多心理灵活性。

关键是思考真正想要的东西,而不依赖结果。明确关注目标,而不是击球,这能令你自然而然地挥杆,而不需要深思熟虑。最终目标是接受你的想法、情感和感觉,并致力于行动中,而不是反抗消极想法和不愉快情绪。

接受内部消极状态的能力，不需要判断，让你"放下"任何负面情绪、想法或身体感觉，并专注于目标。

提示

1. 当你开始留意到自己的小恶魔，只需谢谢它的想法，然后按下"暂停"按钮，这预示着开启冥想常规程序。
2. 想象你希望球落地的地方。
3. 花点时间冥想；要么做一两次呼吸数数，要么注意感觉手中的球杆握把。
4. 再次看向落球点，然后专注于球上的一点并击中它。

结论

　　训练思维上不费力地应对高尔夫球场上的各种情况需要练习和坚持，但是通过努力和忘我精神，即使是最具挑战的击球，你也会自信地打出。思维是人们表现的基础——找出内在心理是发现你全部潜能的关键。你大脑中的想法负责比赛中发生的一切，从第1洞到第18洞。在这项以专注和集中注意为核心的运动中，重要的是要提高认知意识，和影响态度和身体行动的情感过程。

　　学会控制你的恐惧、抑制负面情绪，并通过消除分心，运用智胜思维打球，这最终会使你成为一个有成就、情绪稳定的球手，并总是取得一贯的结果。高尔夫球场旨在挑战——你所犯下的错误和遇到的障碍应被视为学习的机会，和提高不仅是身体技能，还有心理技能的机会。

　　热情地迎接每一项挑战，并牢记错误，会增加你的经验，并加深你对这项运动的理解。这项运动对球手的吸引力在于从上一场比赛开始改进——这对于业余和专业选手来说都是一个持续的过程——而且运动中的许多挑战都是内在的。留心你可以掌控的东西——你的想法、行为和反应——你就会获得较低的分数，较低的差点，并更好地理解自己。

　　"高尔夫是一项人们玩的运动。因此，这是一场充满失误的运动。成功的高尔夫球手知道如何应对失误。"

——鲍勃·罗特拉（Bob Rotella）

使用思维智胜策略的实用打球技巧

比赛前2-3天

- 准备好装备
- 清洁球鞋和球杆
- 至少在包里放一枚新球用来开场
- 确保有一副好手套,以及许多球座和标记
- 计划一场比赛中的食物摄入量
- 准备好一只水瓶

比赛前一晚

- 找一个安静的地方,进行几分钟形象化——比赛前一晚入睡时总是个好时机
- 想象自己在第一发球台——轻松自如地挥动球杆
- 想象球落在一个完美的地点,接近果岭
- 下一次击球时,完美地将球切入果岭上
- 你摆好球杆,平稳地击球,并听到球落入球洞中
- 继续这样打完场上所有的球洞
- 对自己和比赛感觉良好

比赛当天的早晨

- 享用一顿美味的早餐——鸡蛋吐司、麦片和水果,或烤面包和水果
- 将零食装进包——水果、坚果、煮鸡蛋等

- 到达，预留足够的时间热身
- 在卸下球包和高尔夫球车后，做几次拉伸
- 在高尔夫商店登记，确定自己的开球时间——有时候会因球手取消而提前——如果提前也无需紧张

热身

- 前往练习网，用7号铁杆打4-5球
- 用5号铁杆打4-5个球，然后用5号木杆，最后用1号木杆打几球
- 现在去短打区，击10个左右短打球
- 然后到推杆果岭，击10个左右推杆球
- 现在不是纠正挥杆的时候
- 与此同时，你的思维一直想着一场良好积极的比赛

在第一发球台上

- 一旦你到达第一发球台，处在当下，放下结果
- 想着开心玩和享受比赛
- 你只能控制此时此处——在需要时开启关注，在不需要时将其关闭
- 想象完美挥杆
- 缩小球道上目标的位置
- 想象那幅图像
- 感受挥杆的流畅
- 想想"波浪"

你的第二击

- "谎言就是谎言——无论好谎言或坏谎言"
- 专注于此时此地
- 想想你真正想要的东西,而不是你不想要的
- 开启专注
- 选择最低可能的目标
- 深呼吸
- 注视目标,注视球,击球
- 相信你的挥杆

在果岭上

- 要果断,相信自己是一名好推杆球手
- 确定球路,然后站好姿势推杆
- 不要徘徊在球上
- 专注目标,专注球,然后推杆
- 你脑中的想法不是技术,而是一幅图画,用推杆做铅笔去画一条到球洞的线

离开果岭后

- 放开过去——对已经发生的事情,你什么也做不了
- 关闭关注——欣赏风景,伙伴等。
- 当你走到下一个发球台时再开启

到达下一个发球台

- 想想在下一个发球台击球，你到底想要什么
- 形象化目标
- 放下结果
- 相信直觉思维
- 更多信任，更少尝试

前九洞之后

- 忘掉分数——无论好与坏
- 你的心理越关注分数，就越少关注高尔夫的质量
- 每次击球都必须包含心理专注
- 不要给击球增添一个价值
- 专注于此时此地
- 放下结果

比赛后

- 感谢你的球伴
- 迅速忘记差球，长久牢记好球

"你的未来会像现在一样，直到你练习新的东西，使它变得不一样。"

——布莱恩·库克（Brian Cooke）

参考文献和推荐阅读

Carson, Rick. Taming Your Gremlin: A Surprisingly Simple Method for Getting Out of Your Own Way. New York: Harper Collins 2003.

Gallwey, W.Timothy. The Inner Game of Golf. New York: Random House 1981

Gardner, F. L. and Moore, Z. E. The Psychology of Enhancing Human Performance: The Mindfulness-Acceptance-Commitment (MAC) Approach. Springer Publishing: New York 2007

Hayes, Stephen.C., & Strosahl, K.D. A practical guide to acceptance and commitment Therapy. New York: Springer 2004

Kabat-Zinn, John. Full Catastrophe Living: How To Cope With Stress, Pain and Illness Using Mindfulness Meditation. Dell Publishing Group: New York. 2011

Mack, Gary with Casstevens, David. Mind Gym: An Athlete's Guide to Inner Excellence. Chicago: McGraw Hill 2001

Parent, Dr Joseph. Zen Golf: Mastering the Mental Game. New York: Random House 2002

Penick, Harvey with Shrake, Bud & Shrake, Edwin. For All Who Love the Game. New York: Simon & Schuster 1995

Penick, Harvey with Shrake, Bud. The Wisdom of Harvey Penick. Collected writings. New York: Simon & Schuster 1997

Reynolds, Dr Marcia. Outsmart Your Brain: How to Make Success Feel Easy. Phoenix: Covisioning 2004

Rotella, Dr Robert. Golf is Not a Game of Perfect. London: Simon & Schuster 1995

Saunders, Viviene. The Golfing Mind. New York: Three Rivers Press 1995

Tresidder, Tracy. Mind Play for Match Play;Outsmarting your brain and your opponent in head to head golf. Sydney Acorn Press 2012

需要更多帮助。立即给我致电，进行一对一的高尔夫球心理教练指导。

要收到本书的免费mp3，请向我发送一封主题为"free mind play mp3"的电子邮件。

关于个人高尔夫心理教练，请联系：特雷西·特里西德
tracy@golfmindplay.com
www.golfmindplay.com
+61.2.9924.7078 (办公室)
+61(0)415.980.4176 (手机)
FB Golf Mind Play

www.ingramcontent.com/pod-product-compliance
Lightning Source LLC
Chambersburg PA
CBHW071747040426
42446CB00012B/2490